Construir cosas

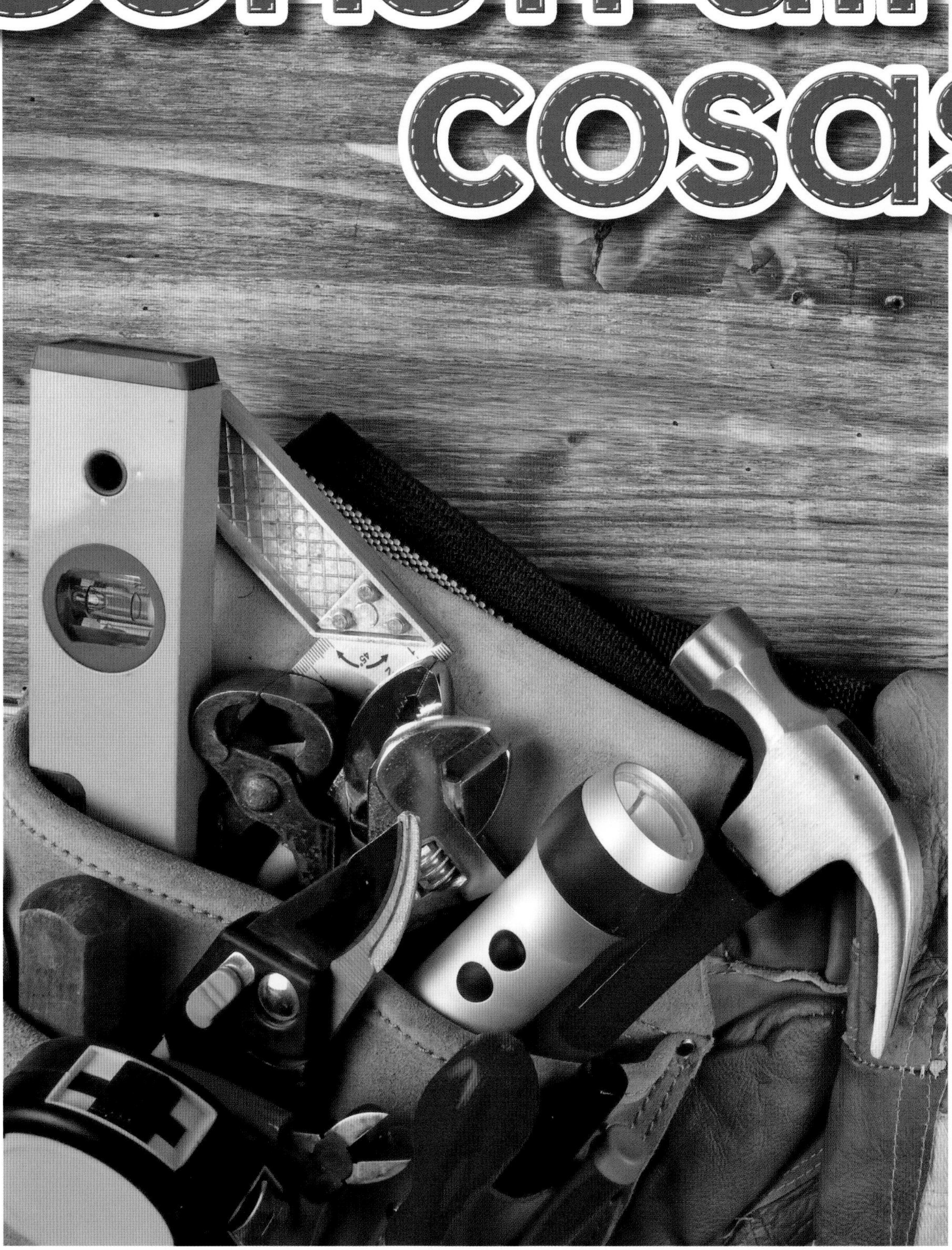

Stephanie Reid

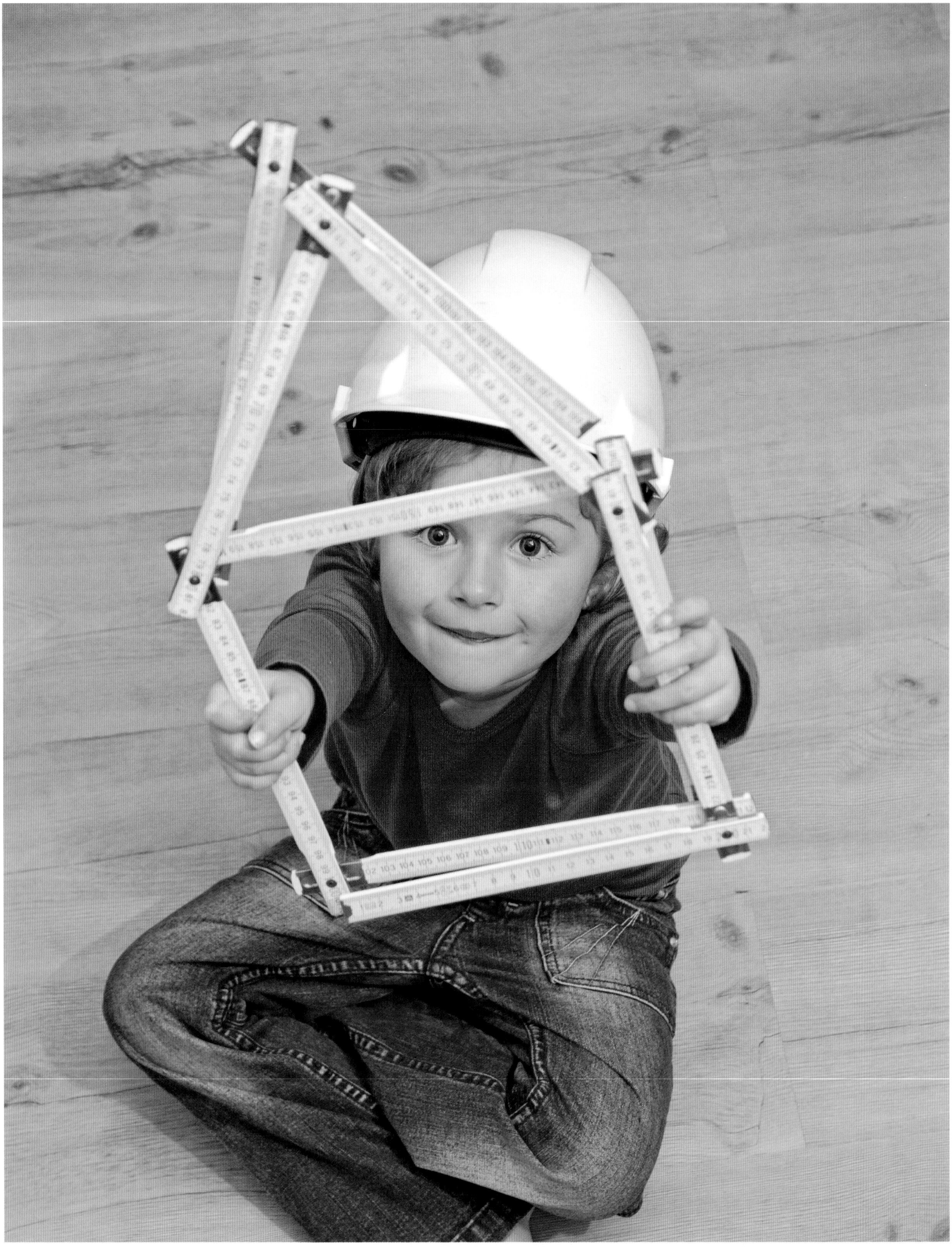

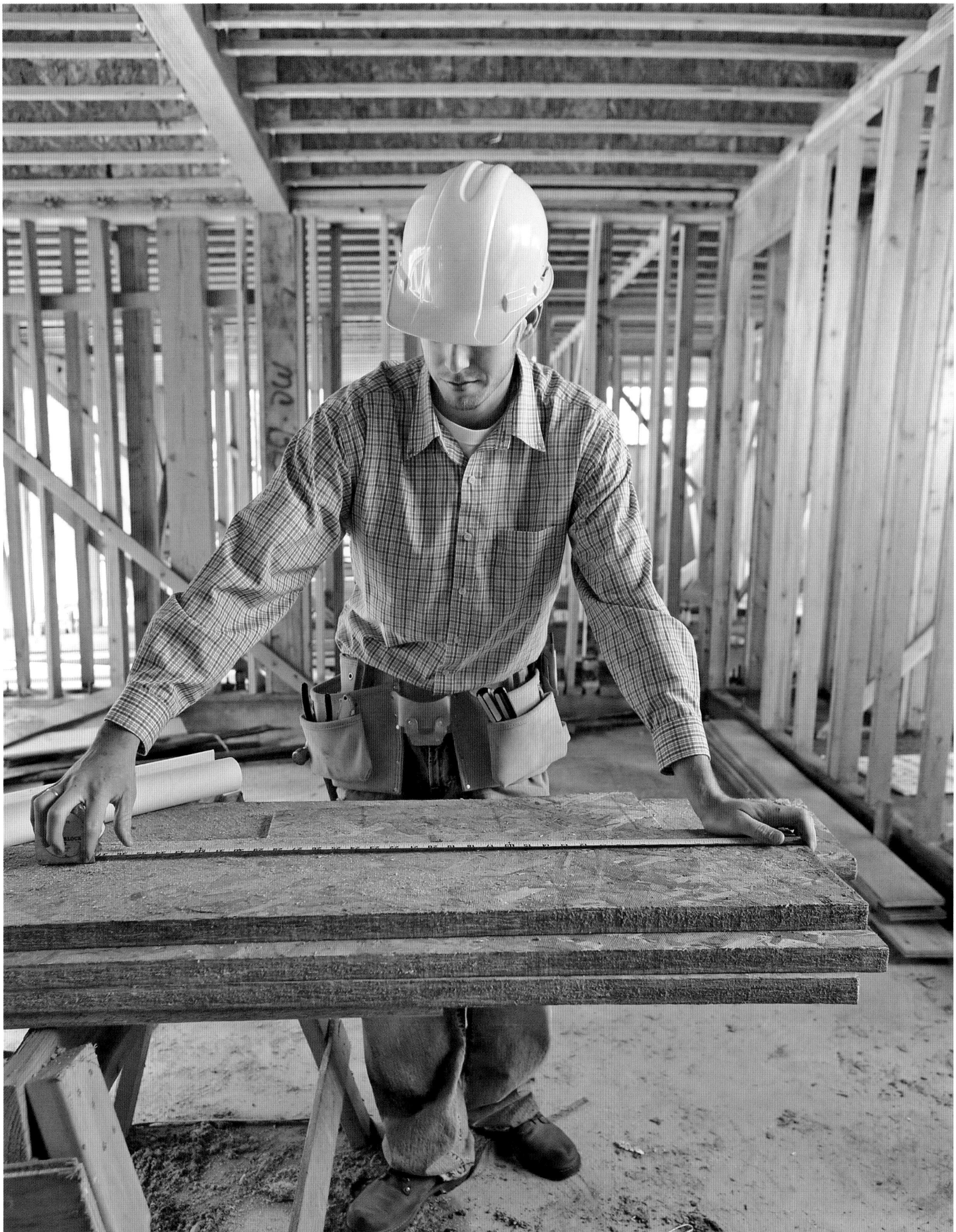

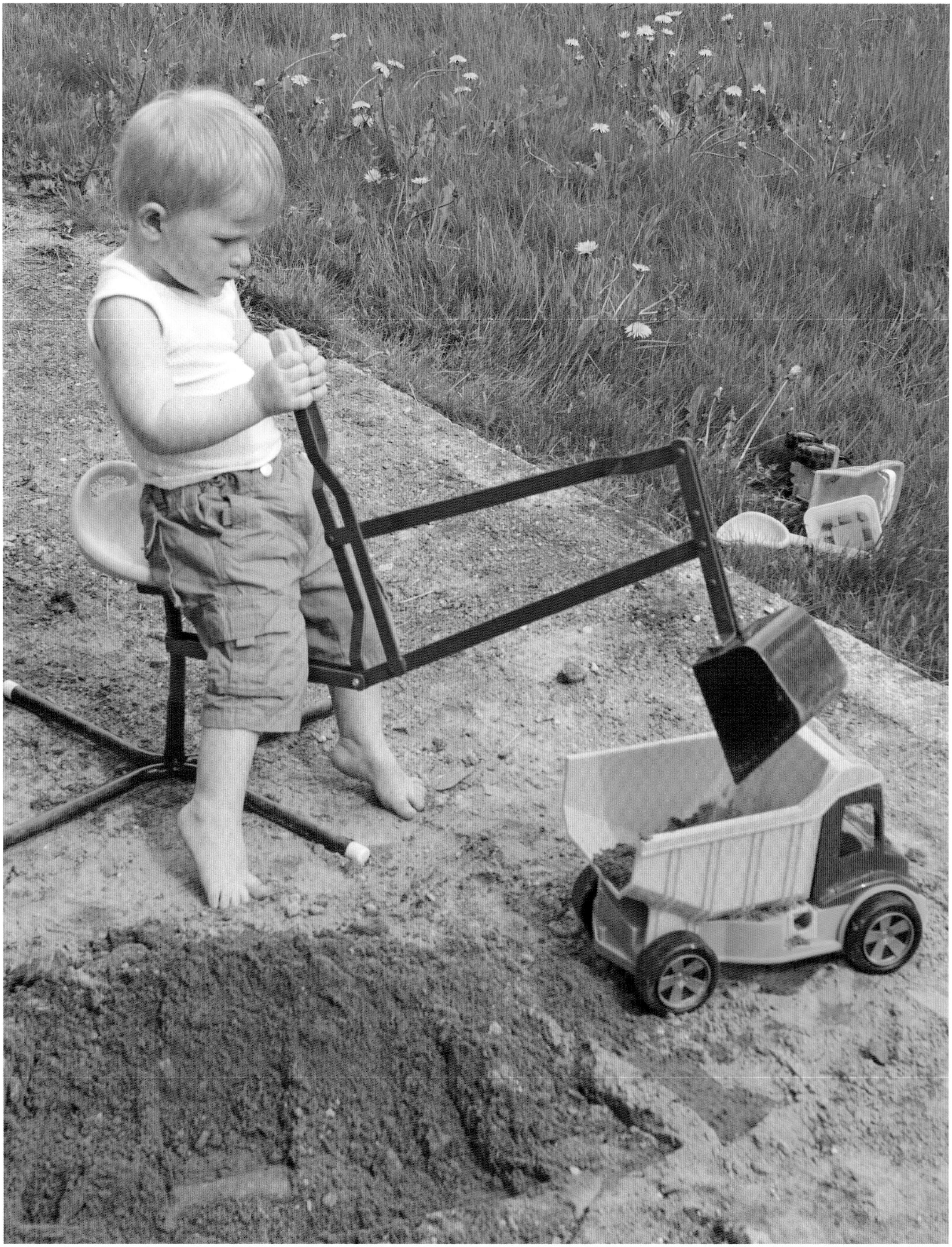

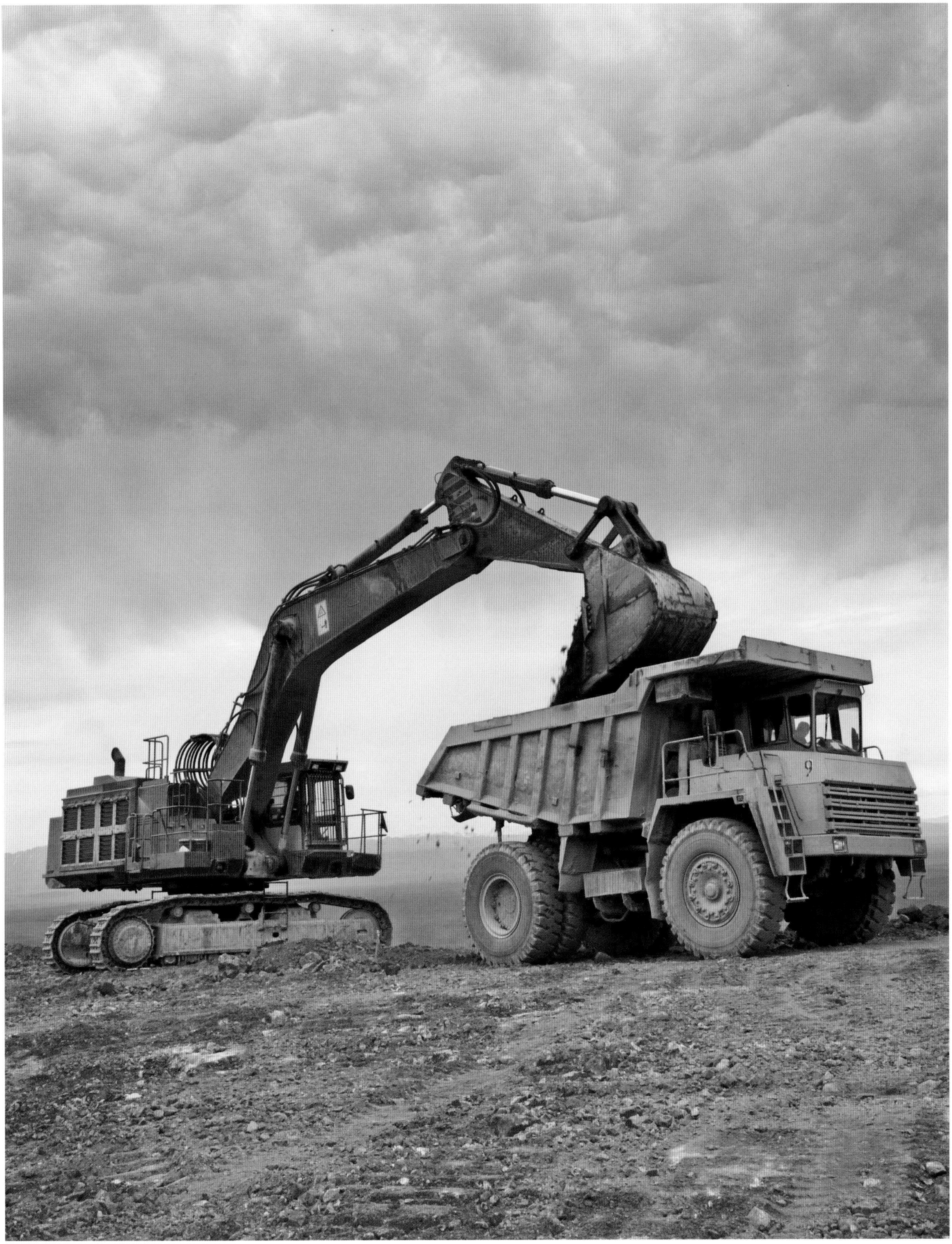
9

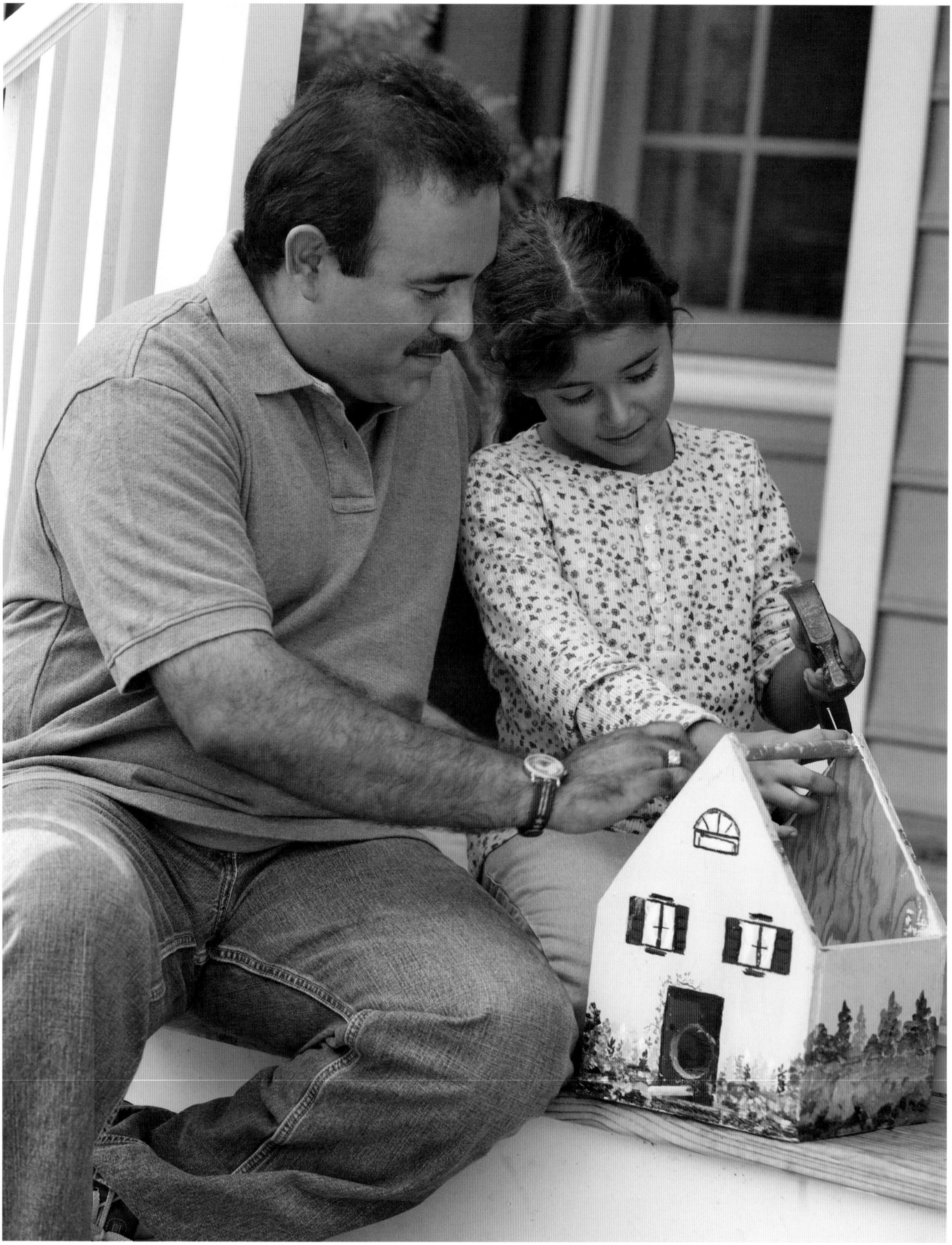

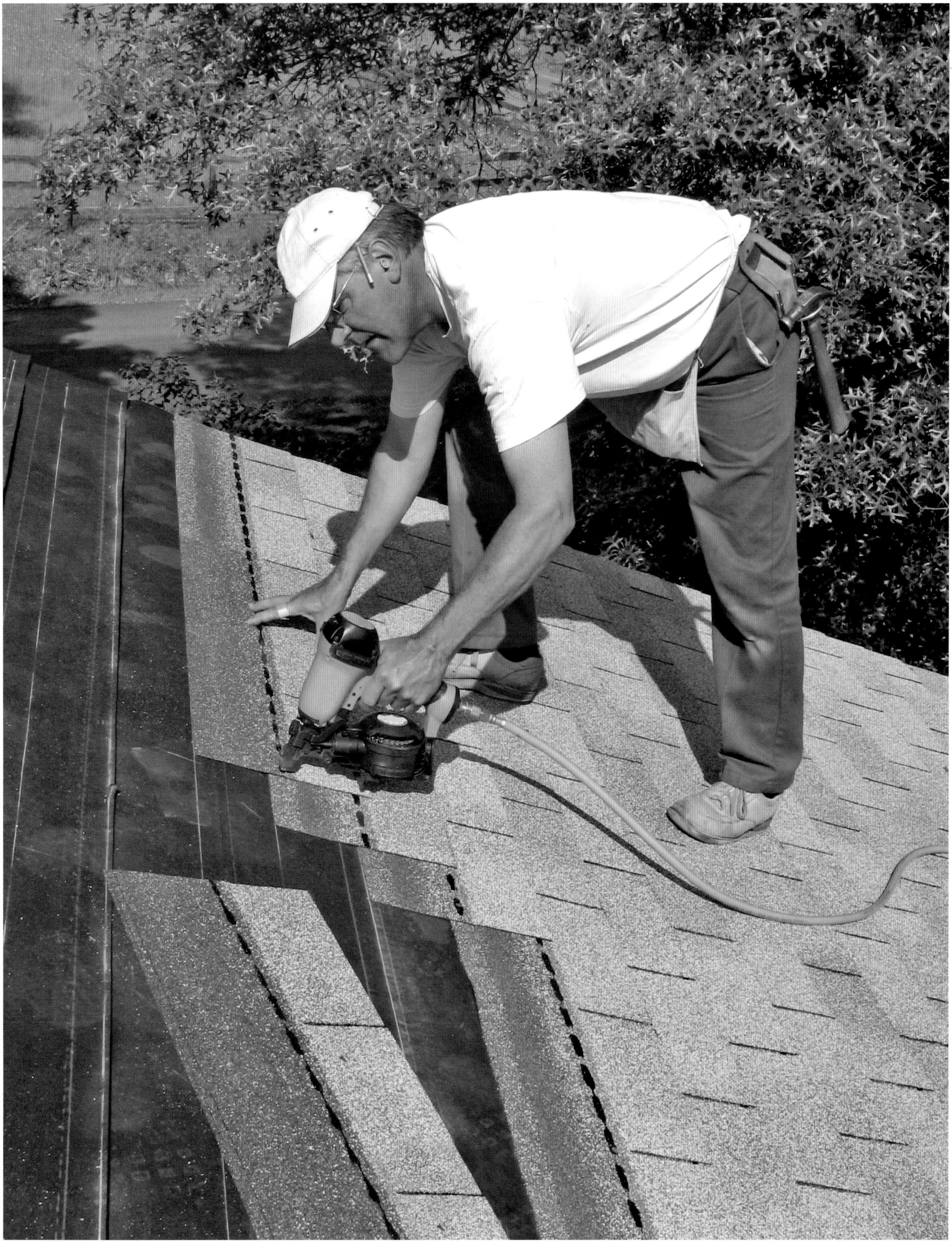

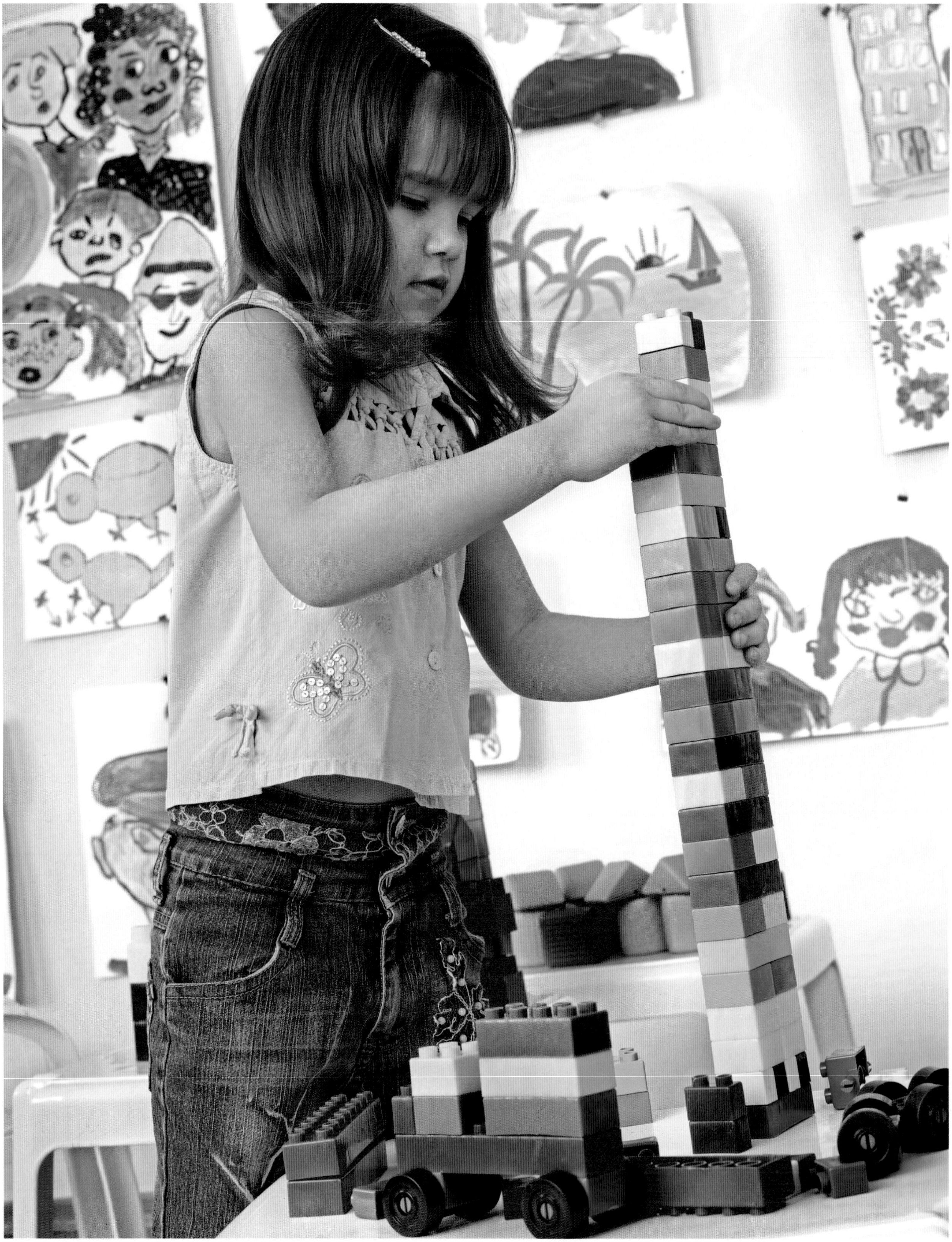

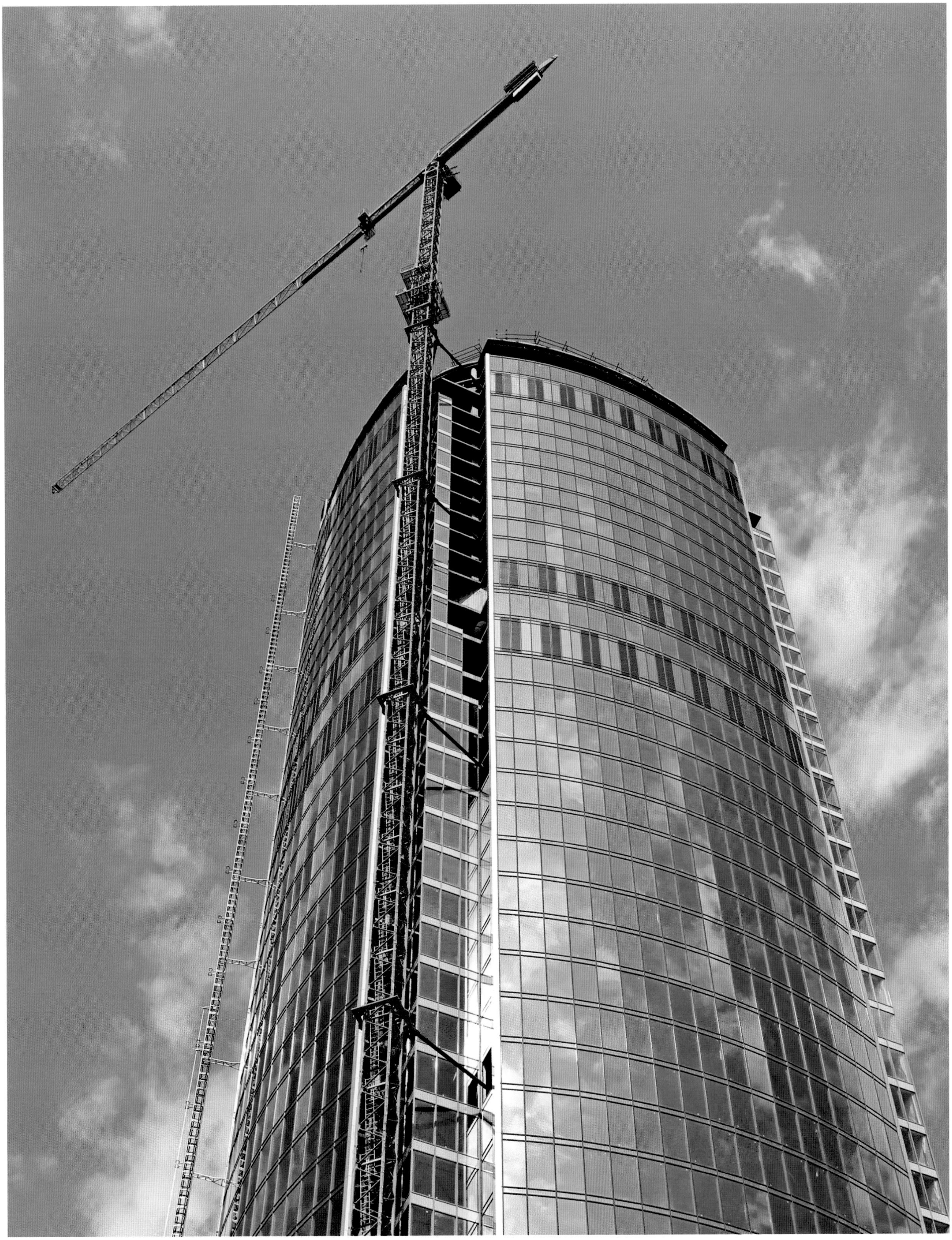

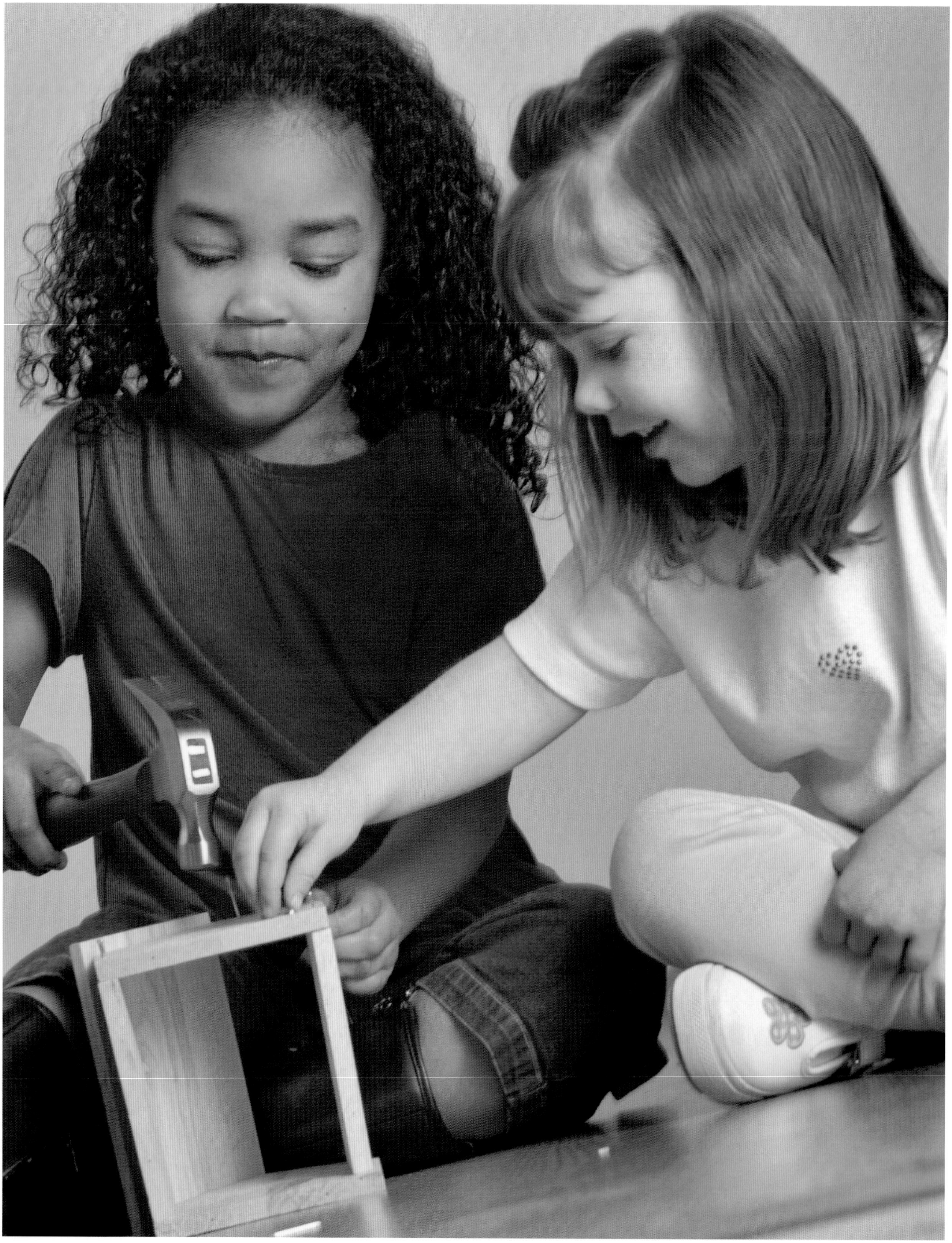

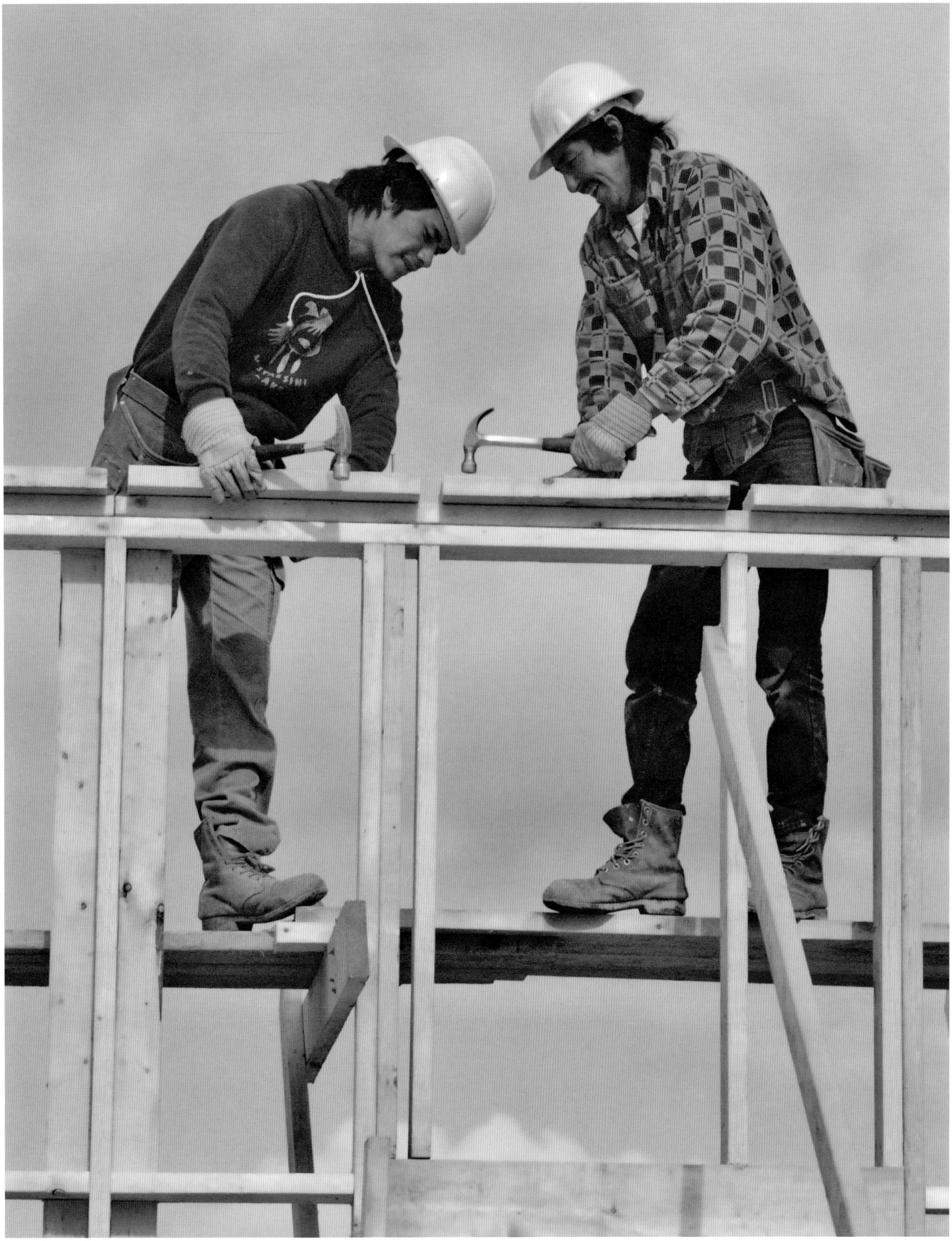

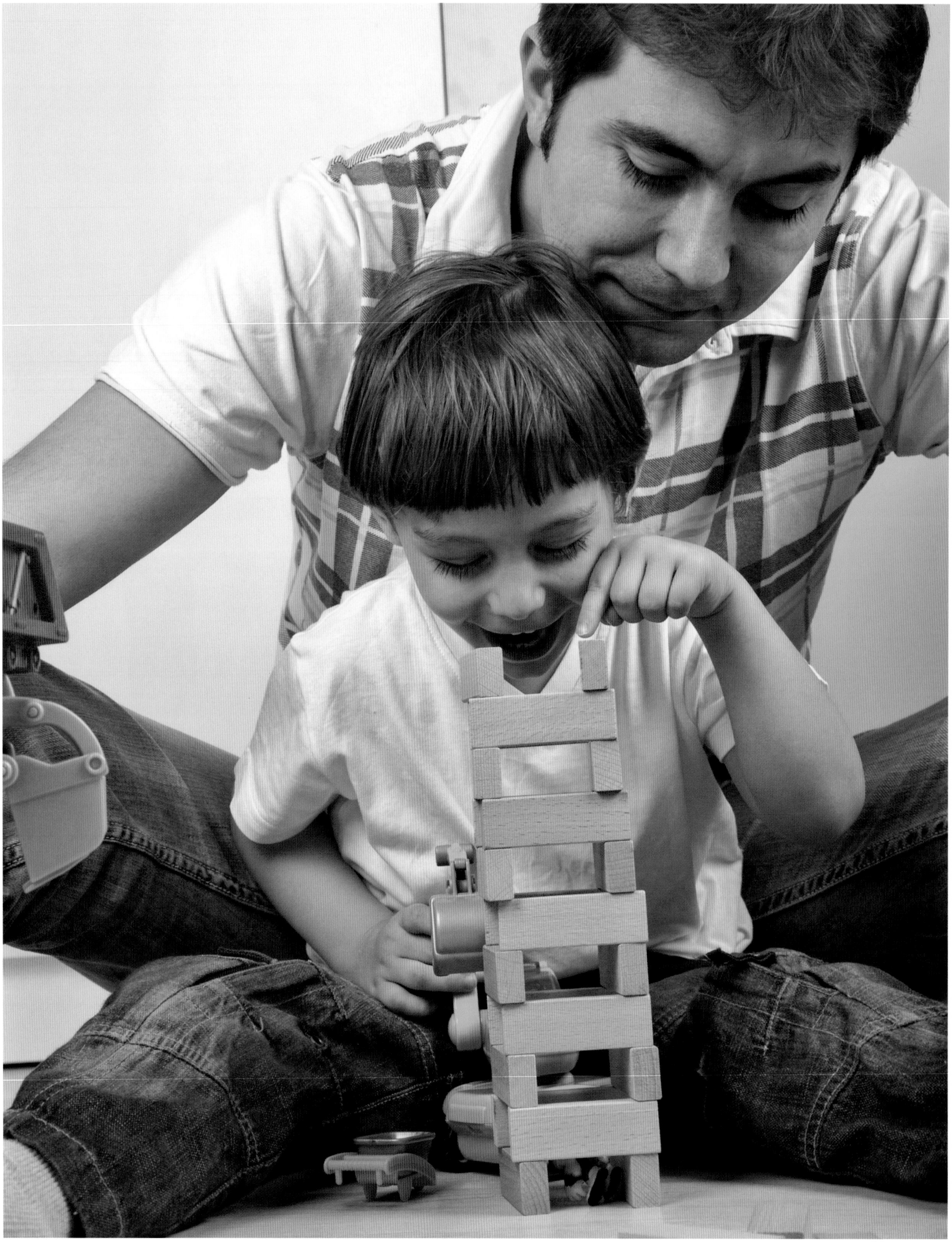

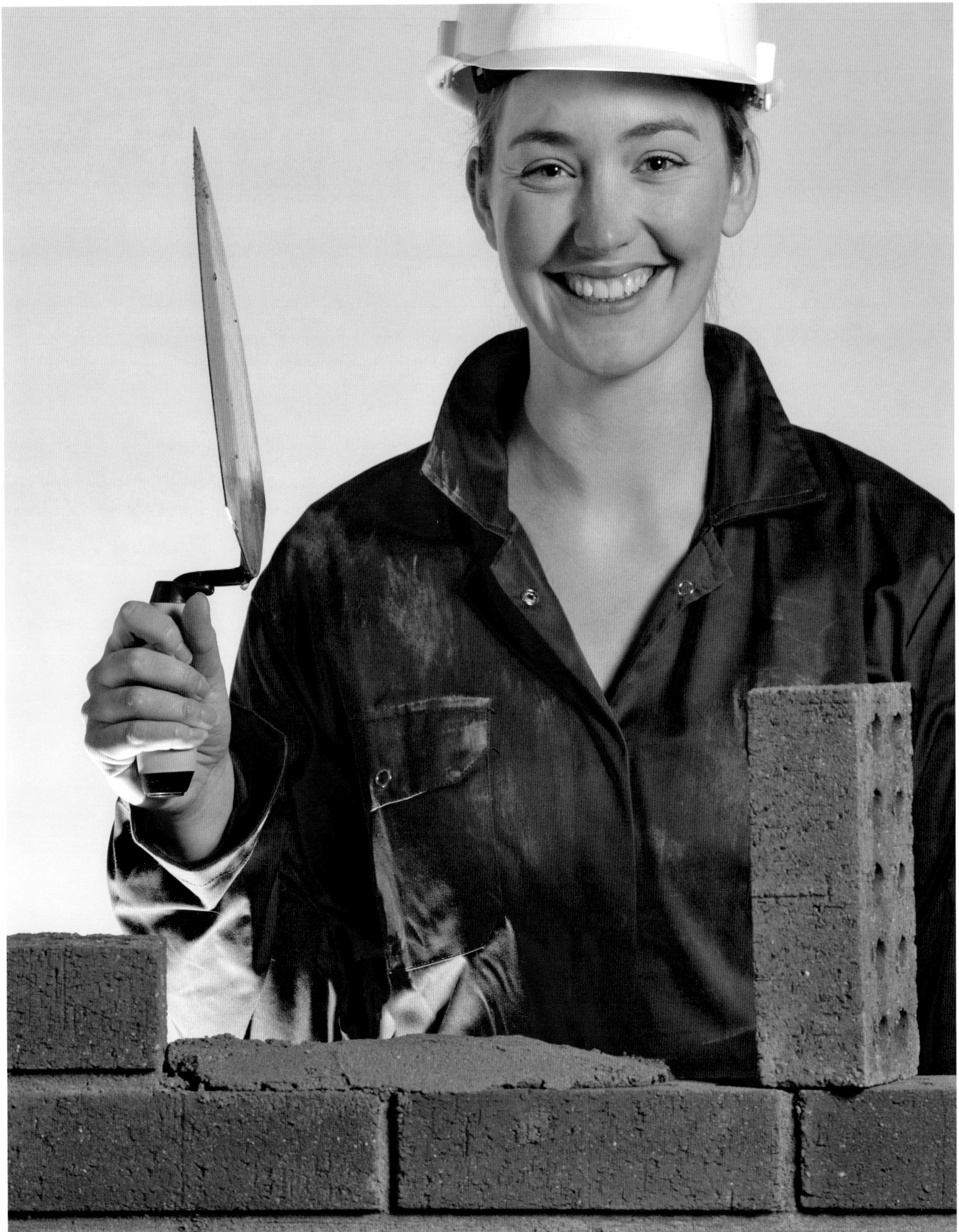

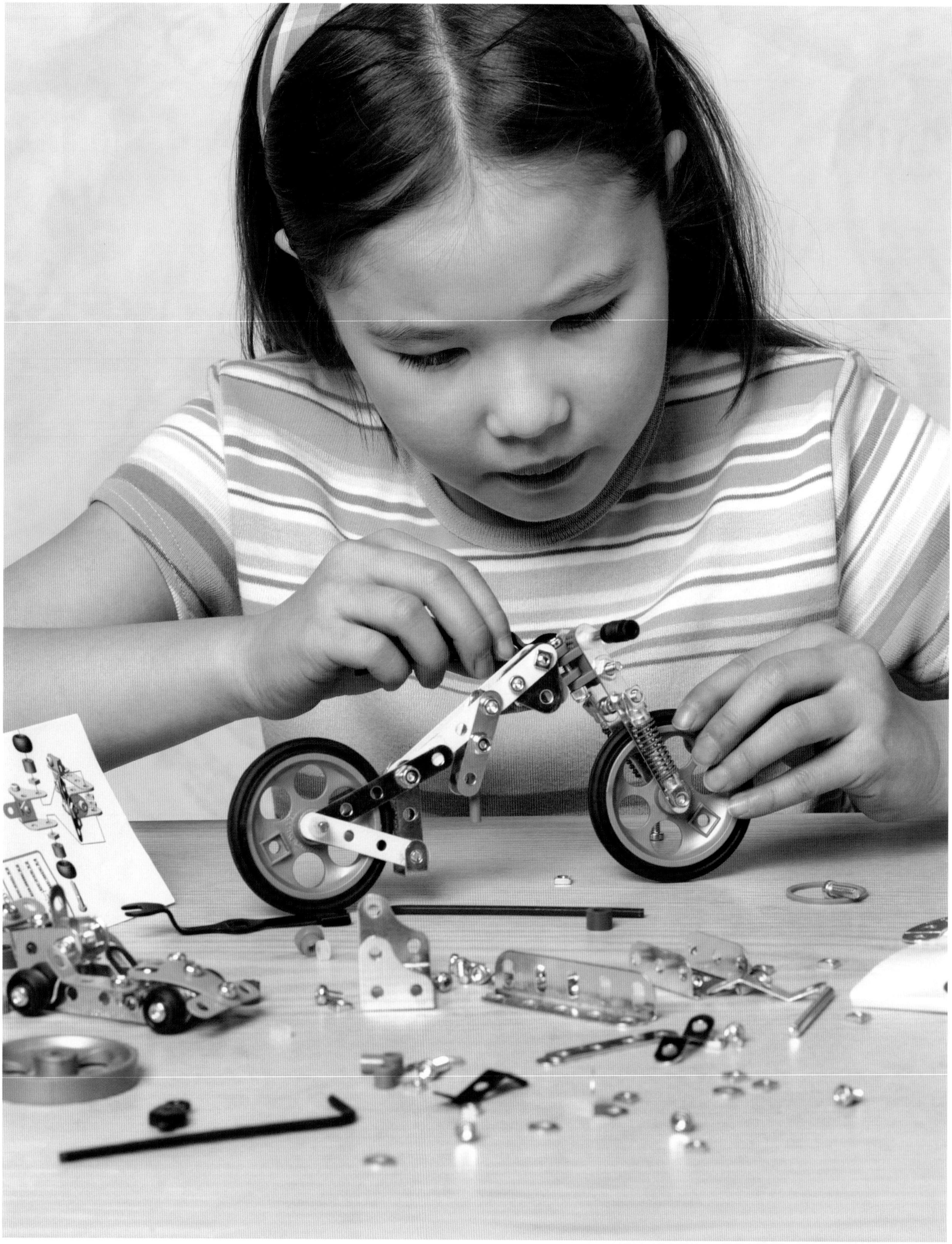

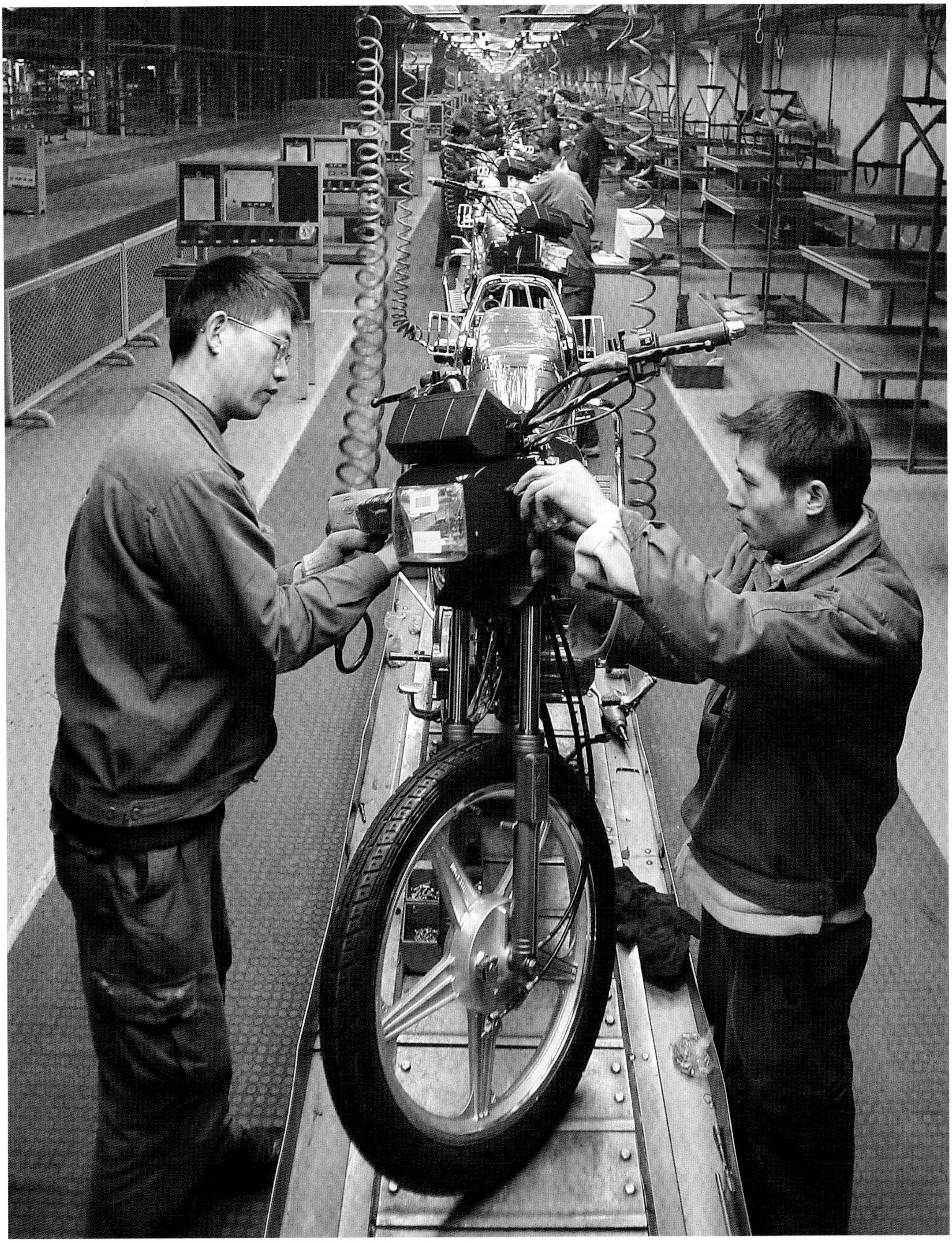

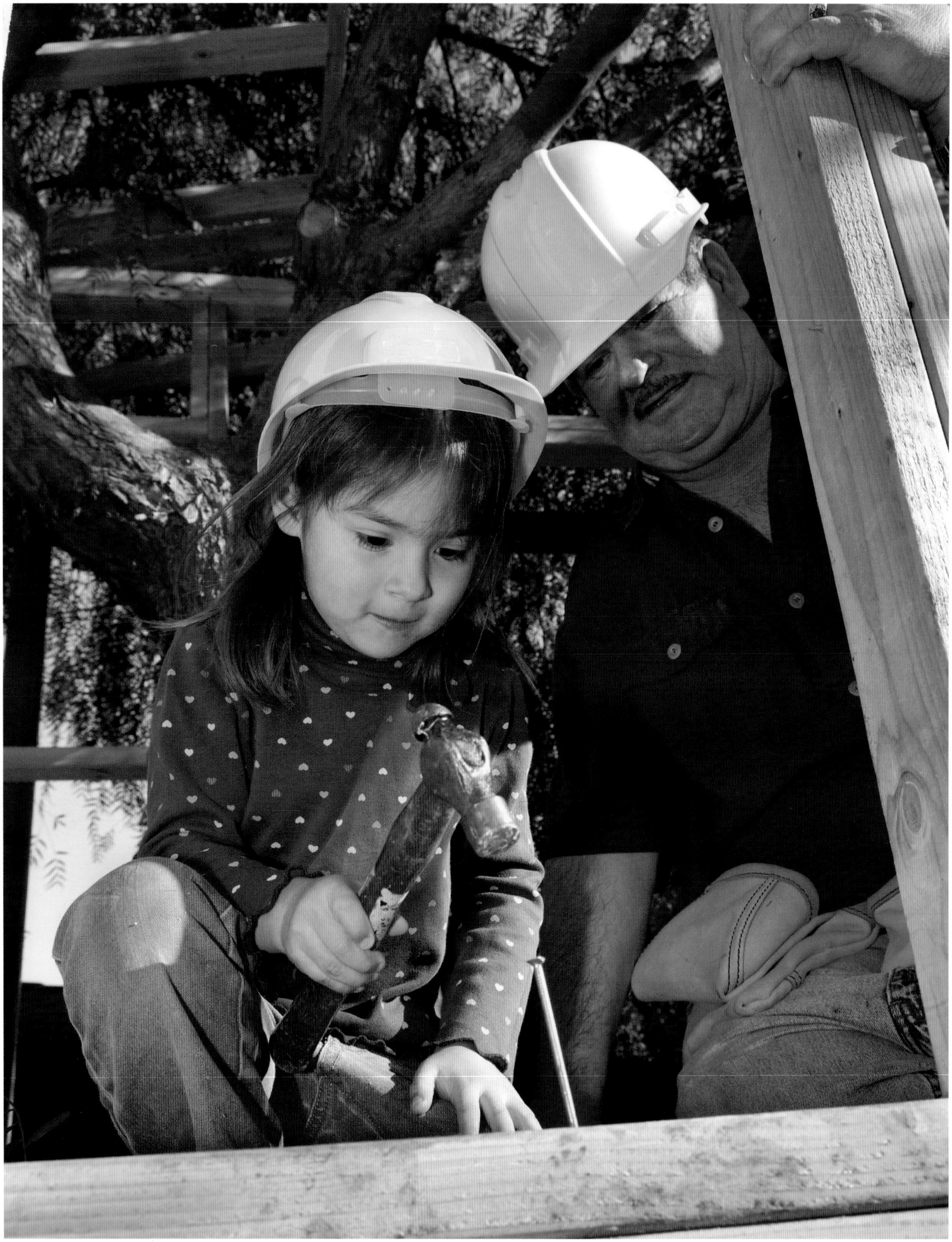